27

L n. 14321.

UN

DEVOIR DE CŒUR

ET D'HONNEUR.

Par Edouard MOIROUD, étudiant en droit.

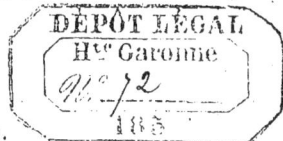

DÉPÔT LÉGAL
Hᵗᵉ Garonne
Nᵒ 72
185

Vitam impendere vero.

/Le jeune homme s'est dit dans le fond de son cœur :
J'entrerai dans la lice et je serai vainqueur.
(*M. de La Harpe.*)

Dès le commencement, je crois devoir avertir ceux
qui me liront, que ce n'est pas un Mémoire que j'ai l'in-
tention de publier ; un Mémoire est ordinairement trop
long et trop rempli de procédure pour être lu par un grand
nombre , et je tiens à ce que ceci soit lu, non pour moi,
je n'ai pas cette sotte vanité , mais pour les personnes à
qui je suis heureux de donner ici un témoignage public
et éclatant de reconnaissance et de vérité. Ce sont quelques lignes que je veux consacrer à remercier et à défendre des personnes sacrées pour moi , des personnes dont
on a osé noircir la conduite et qui cependant ont toujours
agi à mon égard de façon à ce qu'un seul reproche ne pût

jamais sortir de ma bouche. Je suis heureux que mon entrée dans le monde soit marquée par un acte de justice, dès mon début dans la vie j'aurai prouvé à ceux qui m'aiment que je sais marcher dans la voie que m'indique mon cœur et qu'ils recueilleront le bon grain puisqu'ils ont extirpé l'ivraie.

Si dans l'histoire d'un peuple ou d'une nation il y a de ces pages marquées d'un stigmate honteux, de ces pages que l'on voudrait voir déchirées et détruites, l'histoire d'une famille partie de ce peuple ou de cette nation et qui a avec elle beaucoup de points de contact et de ressemblance, a aussi de ces pages marquées de noir. Pour mon compte, j'en ai fait la triste expérience depuis mon enfance. Bien jeune encore, j'ai été douloureusement initié à la vie en voyant ceux que Dieu et mon cœur me faisaient un devoir d'honorer et de chérir en butte aux accusations, je ne dirais pas les plus outrageuses, l'outrage n'atteint pas l'honnête homme qui sait ne pas le mériter, mais les plus blessantes pour le cœur. J'ai tout lieu d'espérer que pour moi le vieil adage de nos pères : « A quelque chose malheur est bon » recevra son accomplissement. J'aurai mesuré, à l'âge où l'on l'aperçoit à peine, ces abîmes sans fond qui ont pour nom le cœur humain.

Ces chagrins, d'autant plus cuisants qu'ils partent de personnes à qui je dois le respect et qui frappent en criant bien haut que leur devoir seul les guide, ces chagrins sont mon baptême de magistrat ; car la magistrature est un sacerdoce qui doit frapper, mais qui doit consoler. Or, l'homme à qui toujours tout a souri, ne peut pas essuyer les larmes du malheur, il est impuissant à en comprendre toute l'amertume.

Ce n'est pas sans souffrances et sans ennui que je me vois dans la triste nécessité de faire pénétrer les regards de l'indifférent dans ce que j'appellerai, pour parler décemment, un malheur de famille. Dans un siècle déjà loin du nôtre, sinon par l'espace écoulé, du moins par les événements accomplis et le changement de mœurs, on avait pour principe de laver son linge sale en famille (qu'on me permette cette expression triviale, elle traduit parfaitement ma pensée). J'aurais voulu moi aussi laisser dans l'obscurité ces recoins que la lumière ne devrait pas éclairer. C'est à contre-cœur que je mets à nu les plaies de mon âme qui jusqu'ici n'ont eu pour médecin que ma mère, mon beau-père et ma famille paternelle. Mais pouvais-je reculer? Mon cœur, ma conscience ne m'auraient-ils pas fait un reproche sanglant d'avoir laissé accuser M. Figuières mon beau-père, et par suite ma mère, sans élever la voix, sans venir protester? Devais-je me taire quand je savais que toutes les accusations portées contre M. Figuières étaient fausses; mais j'étais alors un lâche, bien plus, un ingrat sans probité.

Non! je ne le pouvais pas, j'aurais eu à rougir devant un honnête homme, et jamais la famille dont je porte le nom n'a eu à courber le front : je saurai bien faire comme elle. Je veux que pour toute oraison funèbre ceux qui m'auront connu puissent dire : Nous perdons un homme de cœur ! Je devais venir jeter mon cri d'honnête homme, le cri de ma reconnaissance. Je le fais et crois bien faire.

Avant d'entrer plus avant *in medias res*, je crois devoir prévenir que je n'oublierai jamais , dans le courant de cet opuscule, que je me trouve en face de personnes qui sont unis à moi , sinon par les liens du cœur puisqu'ils les ont rompus violemment , du moins par les liens du sang. Je tâcherai de renfermer mon style dans de sages bornes , je raconterai des faits , j'écrirai ce que mon cœur me dictera , et si , comme l'a écrit un poète contemporain : *L'esprit c'est le cœur*, j'espère en avoir assez pour rendre justice , autant qu'il sera en mon pouvoir, à ceux que je prétends injustement accusés. Je suis certain d'avance que tous ceux qui me liront et qui auront le cœur droit rendront à chacun selon ses œuvres , et que MM. Cabrol et Dardier eux-mêmes , en descendant au fond de leur âme, y trouveront un recoin obscur qu'ils ne voudront sans doute pas explorer encore , mais dont le temps leur montrera le vide.

Je l'ai déjà dit , ce n'est pas de la procédure que je vais faire ici. Je dois aller au but aussi droit et aussi succinctement que possible ; c'est ce que je vais tâcher de faire.

Mon père , directeur et fondateur de l'Ecole Vétérinaire de Toulouse , avait acheté avec le fruit de ses économies une terre, sise aux alentours de l'Ecole , destinée à l'exploitation d'une briqueterie. Il avait employé à l'achat de cette terre une somme de 20,000 fr. , de moitié avec un autre acquéreur. Mon père *nous quitta* vers 1839. Cinq ans après, ma mère concluait une seconde union avec M. Figuières. Dans les commencements de son union avec ma mère, la briqueterie engloutissait et capitaux et intérêts avec une rapidité effrayante pour l'avenir. Elle était achetée, l'acquéreur s'enfuyait en Afrique restant notre débiteur ; M. Cabrol achetait pour 10 ou 12 mille francs de bois, l'humidité en faisait périr la moitié ; quand tout-à-coup, par un de ces hasards ou plutôt par un de ces bienfaits de la Providence, cette terre triple presque de valeur. Toulouse, en s'étendant de plus en plus, atteignait déjà l'Ecole Vétérinaire et le terrain était vendu à un très-haut prix. Le ciel nous souriait donc, les pertes étaient comblées, des bénéfices considérables étaient réalisés ; mais l'orage s'amoncelait, M. Figuières avait déclaré à tous mes parents, même à M. Cabrol, qu'une fois ses pertes en capitaux comblés tous les bénéfices devaient m'appartenir comme de droit. Puis, heureux de voir mon sort assuré, me présageant un avenir presque riche avec un état, leurs consciences tranquilles, ils vivaient heureux ; mais bientôt le revers de la médaille ne tarda pas à se montrer. MM. Cabrol et Dardier qui, durant les années de nos pertes consécutives, ne s'occupèrent pas le moins du monde de mes affaires, sortent tout-à-coup de leur torpeur. A cette époque et à leur dire, l'intérêt qu'ils me portaient était sans bornes. M. Figuières, disaient-ils, garderait mon avoir pour sa fille, ma mère se laissait dominer par son mari. Dès que ma mère fut informée du nouvel intérêt de mes oncles, elle crut de son devoir de me retirer du Lycée de Toulouse où je me trouvais, après avoir consulté toutefois ma famille paternelle. Je dois faire remarquer ici que dès que ma mère a eté remariée, ma famille paternelle a toujours été consultée par M. Figuières sur tout ce qui me concernait. Ma famille paternelle et ma mère craignirent surtout que l'on ne fît chanceler mon jeune cœur et qu'on ne finît par me faire voir dans celle qui me donna le jour une femme laissant disparaître, par faiblesse, le bien de son enfant. J'entrai au Lycée de Montpellier, peu de temps après je fus émancipé par ma mère et un conseil de famille nomma mon oncle paternel curateur (mon grand-père paternel avait d'abord été nommé, mais vu son âge et à sa demande la curatelle fut donnée à mon oncle). Un compte de tutelle fut alors rendu à mon curateur par ma mère et M. Figuières. Dans ce compte, à la reddition duquel j'assistais, les bénéfices *entiers* m'étaient assurés. Ma famille paternelle remercia M. Figuières de la probité avec laquelle son compte avait été rendu et des soins affectionnés qu'il n'avait cessé de me prodiguer.

Tout venait donc se briser là. MM. Cabrol et Dardier prétendaient que M. Figuières voulait profiter de ma fortune, il me fait émanciper et me rend son compte de tutelle devant mon oncle paternel, mon grand-père, les sœurs de mon père ; tous reconnaissent M. Figuières pour un homme d'honneur, ils reconnaissent le compte,

le trouvent parfaitement loyal, tout est donc terminé.
MM. Cabrol et Dardier voulaient me mettre à l'abri d'une
extorsion, leur but était rempli..... Ce n'était que le
commencement de chagrins qui faillirent devenir mortels
pour ma mère. Nos adversaires prétendirent que ma
famille paternelle s'était laissée aveugler. Quel peut donc
être le pouvoir fascinateur de cet homme qui aveugle tout
le monde, qui rend une mère, un père, une tante, com-
plices d'une mauvaise action ? Ce pouvoir fascinateur n'est
autre que l'influence qu'exerce un honnête homme dans
l'atmosphère qui l'entoure.

L'orage éclata enfin en 1851 ou 52, sous la forme
d'une assignation ; à partir de cette époque, MM. Dardier
et Cabrol, qui voulaient toujours mon bonheur, commen-
cèrent les procès. Je refuse, je défends par tous les
moyens ma mère et mon beau-père, ils me forcent quand
même à plaider, ils veulent m'obliger par jugement à aug-
menter ma fortune d'une somme que je sais parfaitement
ne m'être pas due et que je refuse. La justice des hommes
nous condamne.

Si on m'accusait d'avoir pris les tours de Notre-Dame,
je passerais immédiatement à l'étranger, disait un prési-
dent à mortier bien connu ; je n'ai jamais aussi bien compris la vérité renfermée dans ces paroles que depuis ce
procès. Je voyais condamner un homme, et j'étais aussi
certain de son innocence que je suis certain qu'après le
voyage d'ici-bas il y a un monde meilleur, où il sera donné à chacun selon ses œuvres. M. Dardier fut maintenu
curateur par la Cour.

Voilà , aussi succinctement que possible et dépouillé de tous les incidents qui sont venus se joindre à cette malheureuse affaire , le cours du procès. J'ai sans nul doute omis bien des points, je sais tout ce qu'il y a d'incomplet dans cet historique , ce n'est qu'une ébauche qui suffira, je l'espère. Du reste je n'ai qu'un but , c'est de prouver que M. Figuières est innocent de ce dont on l'accuse et qu'en s'acharnant ainsi après lui , MM. Dardier et Cabrol y étaient poussés par un autre motif que nous connaissons tout aussi bien qu'eux.

Le fils d'Alcibiade , obligé de défendre la mémoire de son père contre les poursuites d'un Thisias qui ne savait respecter ni les droits de la vérité , ni la majesté des Dieux protecteurs des innocents calomniés, disait autrefois aux juges d'Ahènes : « Vous voyez quel plan se sont
» tracés mes calomniateurs..... Ils consument plus de
» temps à renouveler et à multiplier les anciennes
» calomnies dont mon père a été la victime , qu'à expli-
» quer ce qui fait l'objet de leur nouvelle action. Ils se
» jettent sur toute la conduite de cet infortuné et la dé-
» chirent sans pudeur... Enfin, tel est leur aveuglement,
» qu'ils s'imaginent acquérir d'autant plus de gloire qu'ils
» vomiront plus d'injures contre lui ; comme si personne
» ignorait que l'être le plus méchant a la faculté d'insul-
» ter , non-seulement aux plus grands hommes , mais
» encore de calomnier jusqu'aux Dieux immortels?....
» Cependant puisque Thisias , plus occupé à recher-
» cher mes affaires qu'à poursuivre les siennes, revient

» sans cesse sur ce qui a servi de prétexte à la condam-
» nation de mon père , je lui répondrai aussi sur cet.
» objet. »

Et aussitôt le fils d'Alcibiade présentait à ses juges toute
la vie de son père , en la prenant dès le berceau, son
éducation, ses talents , ses efforts, ses vertus soit publi-
ques, soit privées, ses services soit dans les armées, soit
dans les négociations , enfin , toutes ses belles actions
sans dissimuler ses fautes ; car il est aussi grand de les
avouer qu'il est impossible de n'en pas commettre.

Placé aujourd'hui dans la même position que le fils
d'Alcibiade , dernièrement encore poursuivi par des adversaires qui nous livraient les mêmes attaques , oppose-
rai-je le même plan de défense ? Je le pourrais, sans
crainte de trouver sous ma plume , en racontant la vie
de M. Figuières, un seul trait qui me fît rougir ; mais je
comprends tout ce qu'il y aurait d'incomplet et surtout d'en-
nuyeux pour ceux qui me liront , dans un pareil récit.
Ce serait l'histoire de l'honnête homme restant dans la
sphère que Dieu lui a tracé. L'homme de cœur y retrou-
verait sa propre histoire, l'homme matériel ne la lirait pas,
ou bien , il nierait la vertu qu'il n'a jamais pratiqué parce
qu'il est incapable d'en comprendre la beauté. Je me con-
tenterai donc de citer certains faits qui ont spécialement
trait à l'affaire qui m'occupe, et j'espère être assez heureux pour démontrer , qu'injustement accusé , ce n'est
qu'en trompant la justice et en enchevêtrant la procédure,
que MM. Cabrol et Dardier ont obtenu gain de cause.

M. Cabrol, qui prétend aujourd'hui faire des procès pour sauvegarder mes intérêts, qui me force par huissier à plaider contre ma mère et mon beau-père, n'a pas toujours agi ainsi. A une certaine époque, par exemple, j'étais sorti, je ne sais plus à quelle occasion, du Lycée, je me trouvais avec M. Figuières mon beau-père et M. Cabrol sur la terrasse de l'hôtel qu'habitait ma grand'-mère. Mon beau-père dit à M. Cabrol qu'il devrait surveiller un peu mes intérêts à Toulouse, que cette surveillance lui était d'autant plus facile, qu'il avait très-peu de chose à faire pendant son séjour en ville, tandis que lui, éloigné comme il l'était, de plus de 20 lieues, ne pouvait pas surveiller assez activement au gré de ses désirs. — « Je veux bien, répondit M. Cabrol, mais alors il » faut que l'on m'assure la moitié des bénéfices qui pour-» ront se réaliser. » Mon beau-père se récria et lui *signifia qu'il voulait, comme de droit, que tous les bénéfices me fussent comptés à ma majorité.* — Eh bien ! qu'alors Edouard fasse ses affaires lui-même, fut-il répondu par M. Cabrol; j'avais à cette époque 12 ou 13 ans. J'entendis et compris parfaitement toute la portée de ces paroles dont le souvenir ne s'est plus effacé. Quelques années s'écoulent, les bénéfices prévus par M. Cabrol se réalisent, et alors un amour immodéré pour moi et pour mes intérêts saisit tout d'un coup le même homme qui, quelques années auparavant, demandait un salaire pour s'occuper des mêmes intérêts qu'il défend aujourd'hui avec acharnement.

Je vais poser une simple question dont la réponse, dictée par la raison, sera faite en notre faveur par tous les gens à cœur droit. Croyez-vous qu'un parent qui, pendant long-temps, a été pour vous sinon froid, du moins presque indifférent, sente tout-à-coup se réveiller un tel amour, qu'il fasse procès sur procès pour vos intérêts et malgré vous? Comment! vous honnête homme, homme de cœur, vous irez trouver votre neveu, mineur émancipé, et vous lui direz : Ton beau-père fait disparaître ton avoir. — Mais ma mère, répondra l'enfant? — Esclave de cet homme, répondrez-vous. — Mais, mon grand-père paternel ? — Esclave. — Mais mon oncle paternel ? — Esclave, encore. — Mais les sœurs de mon père ? — Esclaves, te dis-je, du même homme. Ta mère, ton grand-père, le père, le frère, les sœurs de ton père, toutes ces personnes te gaspillent ton or, ou, ce qui revient au même, le laissent gaspiller ; il faut le soustraire à leur avidité, autrement tu es ruiné, il faut leur faire des procès, des frais... — Si l'enfant, âgé de 19 à 20 ans, vous répond : « Non, ma mère, mon beau-père, ma famille » paternelle en entier s'est parfaitement conduite à mon » égard, je sais sûrement que mon avoir est parfaitement » assuré, ne faites pas de procès, car je me verrais alors » dans l'obligation de défendre ceux que je sais innocents. » Je suis émancipé, un compte parfaitement en règle m'a » été rendu, » ferez-vous un procès, malgré lui, à cet enfant qui ne veut pas de vos bienfaits ! Ne lui direz-vous pas au contraire : « Mon jeune ami, nous voulions t'as-

» surer pour l'avenir une honnête aisance , nous t'avons
» donné les conseils que nous devions te donner ; mais
» nous n'aurons jamais de procès sur ce point. » Je crois
que c'est là ce que dirait tout homme sage et qui veut
réellement le bien.

MM. Cabrol et Dardier prétendaient que j'étais aveuglé
par mon affection pour ma mère, ils outraient le sens des
mots ; mais la pensée était vraie , ils fesaient mon éloge.
C'est vrai , j'aime ma mère par-dessus tout. Si je n'avais
vu le monde que par ses pensées , je l'aurais vu sans
passions et sans haines. Si MM. C. et D. ne m'avaient pas
réveillé, je sommeillerais peut-être encore sur ses genoux,
ignorant que l'on pût être malheureux quand on a une
mère. Oh ! oui c'est vrai , je l'aime comme on aime sa
mère. Un père ou une mère ! ce n'est pas autant que
Dieu, mais c'est plus que les anges. Ils sont hommes pour
ce qui les concerne , ils sont presque Dieu pour ce qui
regarde leurs enfants. Le nom de père ou de mère est un
nom d'honneur et de sainteté, dit la loi. La mère resplendit au foyer de la famille , disent les Livres saints ,
comme le soleil resplendit au foyer des mondes.

Je l'aime , d'autant plus que j'ai les preuves certaines
qu'elle a sauvegardé religieusement, saintement tous mes
intérêts. En admettant que réellement j'eûsse été aveuglé,
MM. Cabrol et Dardier agissaient au moral , comme ces
médecins inhabiles dont le scalpel maladroitement dirigé
va crever au borgne qu'ils veulent opérer le seul œil qu'il
possédait. Ils veulent bien que ma barque glisse sur les flots,

mais ils m'enlèvent pilote, gouvernail et agrès. Que leur importe l'écueil inévitable sur lequel j'irai me briser , ils ne me suivront pas seulement de l'œil. Je suis certain au contraire , comme je suis sûr de l'existence d'un Dieu , que ma Mère et M. Figuières me suivront toujours des yeux et du cœur dans le monde, ce labyrinthe immense où j'entre à peine et que leurs sages conseils m'empêcheront d'en être le Dédale.

Depuis mon entrée avec ma mère dans la maison de M. Figuières, j'ai toujours été traité comme le fils de la maison. J'étais sur le pied de l'égalité la plus parfaite avec ma sœur du second lit. Malgré ma débile santé, mon petit corps , des traits assez irréguliers et un état maladif qui faisait de moi un enfant plutôt maussade qu'aimable, mon beau-père m'a toujours marqué la plus vive affection. Il sut redresser mon caractère naturellement voulant , il sut me rendre raisonnable , il voulait faire de moi un homme quand les malheurs qui me frappèrent successivement et qui tous me vinrent de ma famille maternelle avancèrent son travail. Lui m'instruisait peu à peu , avec bonté, avec douceur ; MM. Dardier et Cabrol atteignirent le même but , mais par une voie bien différente. L'instruction de M. Figuières fut la plus bienfaisante, celle de MM. Dardier et Cabrol ce fut la pluie d'orage qui fertilise quelquefois, mais qui ravage souvent. Heureusement pour moi , je crois que l'action produite aura plutôt fertilisé que détruit. J'ai toujours trouvé dans M. Figuières des encouragements qui m'ont aidé à supporter avec patience cette période si difficile de l'éducation du Lycée. Enfant, je m'adressais souvent à lui pour obtenir les quelques centimes destinés à satisfaire mes petites fantaisies ; jeune homme, c'est lui encore qui, sans m'en tenir compte, a payé les légères sommes dépensées en sus de mon budget.

Si je cite ces légers détails, c'est pour démontrer que j'ai toujours trouvé en M. Figuières un second père qui aurait pu, comme beaucoup d'autres, me fixer ce que j'avais à dépenser par an d'après mes revenus et ne fournir qu'en m'en tenant compte l'argent employé en sus de celui qui m'était alloué comme suffisant à mes dépenses. Je lui ai toujours ouvert mon cœur et toujours j'ai trouvé la même affection. M. Figuières, en un mot, a été et sera toujours mon second père, mon meilleur ami. Je suis heureux que l'occasion se présente de le remercier tout haut, publiquement des soins et de l'affection qu'il m'a toujours prodigué. Mon cœur a su le comprendre, il peut être assuré de trouver toujours un ferme soutien dans son neveu. Je sais que j'aurai à cicatriser les blessures qu'on lui a faites en mon nom, ce sera pour moi un devoir et un bonheur.

Un dernier argument et je finis. J'admets un instant que MM. Cabrol et Dardier se fussent aperçus de la mauvaise administration de mes biens, devaient-ils agir comme ils l'ont fait ? J'en appelle à tous les honnêtes gens ; ne devaient-ils pas consulter ma mère ? S'ils avaient vu, comme ils l'ont mensongèrement avancé, que ma mère était dominée, ne devaient-ils pas s'adresser à mes parents paternels ? Si mes parents paternels, si ma mère, si moi l'intéressé., moi en âge d'apprécier parfaitement ce dont il s'agissait, les désapprouvaient, devaient-ils passer outre? Comment! MM. Cabrol et Dardier prétendent s'intéresser à moi et ils veulent me mettre en lutte ouverte avec ma mère, avec mon grand-père et toute ma famille paternelle! Ils veulent mon bonheur; mais mon bonheur, mes intérêts n'étaient-ils pas avec ma mère et la famille de mon père. Comment! ils supposent donc que ma famille paternelle, mon grand-père, un vieillard dont le nom seul inspire le respect dans le pays où il vit, ferait cause commune avec l'homme qui me nuirait? Il fallait trouver une raison, un motif à ces objections que tout esprit judicieux n'aurait pas manqué de faire. Ils y ont répondu; mais de quelle manière, grand Dieu!

Moi d'abord n'ai jamais été à leurs yeux qu'un enfant inexpérimenté, dominé, aveuglé, un niais, comme me l'a dit M. Cabrol dans une circonstance que je n'oublierai jamais, et M. Cabrol pas plus que moi. Mon grand-père, un vieillard! Les sœurs de mon père, des femmes simples faciles à tromper! Oui, la famille de mon père est simple si MM. Cabrol et Dardier appellent simplicité ce que les autres appellent honneur et dévouement. Ce vieillard, que M. Cabrol a insulté un jour par une lettre grossière que nous conservons, peut être simple si l'on appelle simplicité comprendre une injure et la pardonner; oui! oui, il est simple si l'on appelle simplicité veiller nuit et jour celle qui porta son nom, pendant quatre années consécutives.

Les sœurs de mon père, que l'on a attaqué devant moi, ont toutes été des anges de dévouement pour toute leur famille ; ce sont des saintes qui n'ont pas le cœur à un endroit fixe, elles l'ont partout. Elles savent où est la voie de l'honneur et elles savent la montrer avec esprit et avec chaleur. Les personnes qui ont lu ou qui ont entendu lire quelques passages de leurs lettres ont, je crois, éprouvé toutes le même sentiment. C'est une plume tenue par le cœur et dirigée par l'esprit.

Qui comprendra maintenant que MM. Cabrol et Dardier agissent avec persuasion ? qui croira M. Figuières coupable ? Dans tous les cas, ce n'est pas M. Cabrol, et ce sera là sa punition. Comprend-on cet intérêt qui brise tout, qui torréfie le cœur ; comprend-on la conduite de MM. Cabrol et Dardier qui devant moi, son fils, ont insulté ou laissé insulter ma mère, les sœurs de mon père et ma famille paternelle entière ? Ah ! ceux que vous avez insulté vous pardonnent ; mais moi pourrai-je l'oublier jamais ? Pourrai-je oublier que, blessé dans toutes les parties de mon cœur, agenouillé près du lit de ma mère mourante, mourante par vos coups, vous n'avez pas seulement essayé d'essuyer mes larmes ? Je vous écris dans ma douleur et pas un mot ne vient me consoler. Et vous dites que votre amour pour moi est votre seul guide. Allons donc ! l'amour et le véritable intérêt n'agit pas ainsi ! Il peut bien avoir des moments de colère et de haine, mais tout ne devrait-il pas tomber devant le cercueil ? Quand on aime, peut-on penser à autre chose qu'à sa mère quand cette sainte femme est près de vous quitter. Les passions, quand on a du cœur, ne viennent-elles pas mourir et s'éteindre là où la mort se dresse? Je crois que plus d'un dira oui, mais MM. Cabrol et Dardier diront non, car ils se rappelleront qu'ils m'ont *chassé* un jour de la chambre où expirait ma grand'mère.

Votre but a été rempli en partie. Vous êtes bien sûr, je crois, de m'avoir affligé; vous m'avez fait plus, il a été des instants, il en a été un surtout où j'ai cru que vous m'arrachiez le cœur et sans utilité pour vos intérêts; mais j'ai résisté et je résisterai encore. Il n'est pas aussi *imprudent, aussi niais* que vous l'avez cru cet *enfant*. Il a senti toute la supériorité de vos ruses; mais il n'est pas découragé, il est fort des éloges de sa conscience; mais il est éclairé par la nature; mais il est soutenu par le ciel même qui ne laisse jamais noircir en vain la vie de l'homme juste.

L'éloquence n'est pas seulement une production de l'esprit, c'est un ouvrage du cœur, a dit d'Aguesseau. Envisagé sous ce point de vue, j'ai tâché d'être éloquent. Je sais que je n'ai pas l'éloquence de l'esprit, mais je prie le ciel de m'avoir donné celle du cœur.

J'ai vu avec étonnement, dans le cours de ce procès, un homme de talent se laisser entraîner au-delà des bornes que la justice et les convenances seules auraient dû lui prescrire. Aurait-il donc oublié qu'il pouvait défendre ses clients sans insulter un absent?

J'ai aussi éprouvé un sentiment pénible en voyant un

homme honorable et qui m'avait témoigné quelque intérêt, se laisser entraîner par les subtilités de **MM.** Cabrol et Dardier au point de faire cause commune avec eux. J'espère qu'après avoir lu ces lignes il éprouvera le regret d'avoir prêté son appui à de mauvaises passions. Avec un peu plus de réflexion il aurait compris mieux que tout autre que la famille entière de mon père ne pouvait s'être réunie que du côté où se trouvait la vérité, la justice et mes véritables intérêts. Ce qui m'étonne bien plus, c'est qu'il n'ait pas élevé la voix pour empêcher qu'on n'insultât la famille de celui qu'il a appelé son ami.

Comme j'ai toujours été accusé par **MM.** Cabrol et Dardier de me laisser dicter tout ce que j'ai écrit, je crois devoir certifier ici, sur Dieu et l'honneur, que tout ce que j'ai écrit à **MM.** Cabrol et Dardier est de moi, et que dans cet opuscule il n'y a pas une idée, une ligne, un mot qui ne soit mon ouvrage.

Je jure sur mon honneur et le nom que je porte, que j'ai toujours trouvé dans M. Figuières un second père et un ami; que ma fortune a été remise parfaitement intacte entre mes mains; que tous les faits ici rapportés sont de la plus exacte vérité.

Je prie le Ciel de faire que les honnêtes gens croient à mes paroles et qu'il bénisse ceux qui ont eu à souffrir à cause de moi et malgré moi.

Sur tous ces faits, mes adversaires peuvent affecter de ne rien croire. Je ne chercherai pas à les dissuader. Ce n'est pas avec eux que j'entre dans ces détails : je les déclare à mes anciens juges, je les expose aux honnêtes gens. Je ne répondrai pas à une seule interpellation, à une seule dénégation de MM. Dardier et Cabrol.

Edouard MOIROUD.

Toulouse, impr de V Sens et P. Savy, r. Saint-Rome, 4.

www.ingramcontent.com/pod-product-compliance
Lightning Source LLC
Chambersburg PA
CBHW061809040426

42447CB00011B/2550